AF313357

HOMELIE XXXVIII.

POUR

LE CINQUIÉME DIMANCHE D'APRÉS L'EPIPHANIE,

OU

TROISIÉME HOMELIE

SUR

LE BON GRAIN ET LA ZIZANIE.

Par M. le Curé de Saint Sulpice.

A PARIS,

Chez RAYMOND MAZIERES, Libraire, ruë saint Jacques, prés la ruë de la Parcheminerie, à la Providence.

M. DCC XI.

AVEC PRIVILEGE DU ROY.

HOMELIE

SUR

LE BON GRAIN

ET LA ZIZANIE.

NI la fertilité de la terre , ni la bonté du grain , ni les travaux du Laboureur , ne suffiroient pas pour faire fructifier la semence , sans la benediction du Seigneur , qui seul donne la fecondité corporelle , & spirituelle. C'est moy , écrivoit l'Apôtre aux Corinthiens , qui ay planté , *ego plantavi* ; c'est-à-dire , selon saint Chrysostôme ; c'est moy qui , par la parole de vie , ai jetté dans vos ames , les premieres semences de la foy , *ego primus jeci fundamentum verbi* ; c'est Appollon , qui par ses prédications , comme par une pluye celeste a arrosé ces précieuses semences , *Appollo rigavit* ; en sorte qu'el-

1. Cor. 3
Hic.

Ffffff ij

les ont esté preservées de la sécheresse que cause l'ar-
deur des tentations , *ita ut tentationibus non sint exsic-
cata quæ ab ipso data sunt semina* , ajoûte le même Pere;
mais c'est Dieu qui a fait lever la semence, qui a
fait germer le grain, qui a fait croître l'épic. *Deus autem incrementum dedit* : d'où il s'ensuit que celuy qui
plante n'est rien, que celuy qui arrose n'est rien, sans
le Seigneur qui donne l'accroissement : *itaque neque
qui plantat est aliquid , neque qui rigat , sed qui incrementum dat Deus;* car, comme observe S. Augustin , nous
pouvons bien exterieurement planter, nous pouvons
arroser , parlant & exhortant, enseignant & per-
suadant ; mais nous ne pouvons pas faire pulluler le
grain ; *loquendo , hortando , docendo , suadendo , plantare pos-
sumus , & rigare , non autem incrementum dare.* Ainsi le
confessoit ce celebre Neophyte de l'Evangile, qui re-
connoissant en luy une foy naissante par la parole ,
reclamoit le secours de celuy qui seul pouvoit la faire croître par sa vertu , *qui fidei suæ germinanti adjuto-
rem orabat, cui dicebat: Credo, Domine, adjuva fidem meam.*
C'est pourquoy, disoit l'Apôtre aux Fideles : Vous
êtes l'agriculture, non des hommes, non de Paul,
ou d'Apollon, qui remuent la terre; mais de Dieu qui
la fertilise ; *Dei agricultura estis* : car on n'attribuë pas
la proprieté d'un champ au laboureur qui le cultive,
mais au maitre qui le possede , continuë saint Chrysostôme ; *si enim estis Dei agricultura , æquum est ut non
ab his qui vos colunt, sed ut à Deo vocemini.* Et c'est en ce
sens que l'Apôtre attribue tout à Dieu , *vide & quod
totum attribuit Deo :* à Dieu qui donne la force aux ou-

vriers, lesquels ne peuvent rien sans luy, *qui nihil* S. Chrys. hic. *possunt absque Deo* : à Dieu qui donne la fecondité à la terre, laquelle seroit sterile sans luy, *germinet terra;* à Dieu qui donne la vie au grain ensemencé, lequel ne sçauroit fructifier sans luy : *frustrà quippe operarius omnia moliretur extrinsecus, nisi creator intrinsecus* S. Aug. de bono vidui c. 18. *latenter operaretur, qui dat incrementum Deus.* La gloire donc d'un ouvrier Evangelique consiste, selon l'Apôtre, a estre l'aide & le cooperateur de Dieu dans la culture du champ de l'Eglise, *Dei enim sumus adjutores* : la gloire du Chrétien, à être le champ cultivé du Seigneur, duquel il est l'heritage, *Dei agricultura estis* ; la gloire du Seigneur, à estre le principe vivifiant de la production de ce champ : *qui incrementum dat Deus.* L'ouvrier Apostolique travaille exterieurement, le Seigneur influe interieurement : l'ouvrier jette le bled; le Seigneur fait germer le bled; la main visible du Vigneron plante la vigne, la vertu cachée du Seigneur donne la seve, *qui per* L. de gr. Christ. c. 3. *seipsum ministrat occultiùs,* dit ailleurs saint Augustin, & la branche porte le raisin : d'où il paroît qu'un homme separé de Jesus Christ, quand ce ne seroit que de tres-peu, est un serment retranché du sep, qui ne peut être qu'infructueux; il est un membre desuni du chef, qui ne peut être qu'inanimé ; il est un edifice disjoint de son fondement, qui ne peut être que ruineux. Ce sont les comparaisons de saint Chrysostôme sur ce même endroit : *Considera autem, ipse est caput, nos autem corpus; ipse est fundamentum, nos autem ædificium; ipse est vitis, nos autem palmites ; hæc omnia in-*

F ffff iij

dicant unitatem , nec finunt aliquid effe intermedium , ne minimum quidem: corpus enim fi ab enfe accepit disjunctionem, interibit : & ædificium fi parum dehifcat,diffolvetur; & palmes fi à radice parum fuerit abfciffus, fit inutilis ; quamobrem hoc parum non eft parum , imò verò eft ferè totum. L'Apôtre ajoûte : Que celuy qui plante , & celuy qui arrofe ne font qu'un, *qui autem plantat, & qui rigat unum funt:*c'eft-à-dire, ne font pas plus l'un que l'autre par eux-mêmes, & leurs propres forces dans la culture du champ de l'Eglife , *itaque neque qui plantat eft aliquid , neque qui rigat , fed qui incrementum dat Deus :* qu'ils ne peuvent pas plus l'un que l'autre sans le fecours de Dieu : *unum autem eos effe dicit ex eo quod nihil poffint abfque auxilio Dei;* & confequemment, que l'un ne doit pas fe preferer à l'autre, *ne alter in alterum infolefcat;* car qu'eft-ce qu'Appollon ? qu'eft-ce que Paul & leurs femblables ? *quid igitur eft Apollo? quid verò Paulus?* Que font-ils autre chofe , finon les Miniftres de celuy en qui les Fideles ont cru ? *Miniftri ejus cui credidiftis ?* qui travaillent chacun felon le talent qu'ils ont reçû du Seigneur , *& uniquique ficut Dominus dedit.* Or de peur que la vûe de leur commune infuffifance ne les ralentît dans leurs fonctions, l'Apôtre promet à chacun d'eux en particulier une recompenfe proportionnée à leur travail , *unufquifque autem propriam mercedem accipiet fecundùm fuum laborem ,* & digne de l'éminente qualité qu'ils portent, & du glorieux employ qu'ils ont, d'être les coadjuteurs de Dieu dans l'établiffement de fon royaume; *Dei enim fumus adjutores.* Tel eft le motif relevé dont l'Apôtre se sert pour les encourager dans leurs penibles travaux, & pour en adoucir les amertumes par la loüange magnifique qu'il leur donne des à present, & par la couronne immortelle qu'il leur fait esperer pour l'avenir. *Deinde hoc ipsum magis mitigat & lenit, & in quibus potest gratificatur, cum laude & liberalitate:* ce qui sans doute doit les faire revenir de la surprise où il avoit pu jetter leur pusillanimité, quand il leur avoit dit que tout étoit de Dieu, sans qu'ils dûssent s'en approprier rien ; *vides quemadmodum eis non parvum dederit munus cùm prius confirmasset universum esse Dei.* De cette façon il les abat & les releve tout à la fois, *propterea Doctores ac Magistros non admodum vilipendit.* Il fait plus, il nous console & nous anime tous, selon cet admirable Interprete, en nous disant, que Dieu s'est reservé la dispensation des moindres biens; c'est-à-dire, des biens temporels, tres petits en eux-mêmes, & qui ne conservent qu'une vie perissable ; au lieu qu'il a mis en nôtre pouvoir l'acquisition des biens spirituels tres-grands en eux-mêmes, & qui nous procurent une vie éternelle : *magnas quippe res Deus arbitrii nostri effecit, ac minora sibi ipsi relinquens majora nobis concessit ; alimenti enim illius quo corpus utitur arbitrium penes se esse voluit, spiritalis autem nobis commisit ;* car il ne tient qu'à nous & qu'à nôtre fidelité à la grace, de faire germer en quelque temps que ce soit dans nôtre interieur, comme dans un parterre spirituel, les riches fleurs d'une moisson odoriferente : *hoc quippe in arbitrio nostro & potestate situm est, ut segetem nostram virentem exhibeamus.*

S. Chrys.
hic.

In c. 9 Ep.
1. ad Cor
v. 10.

En effet la fecondité fpirituelle ne dépend point de
la pluye qui tombe des nuées , ni de la chaleur qui
émane du Soleil , non plus que de la temperie de
l'air & des faifons : *neque enim ea imbres defiderat , par-
tiumque anni temperiem* : mais d'une bonne volonté
qui peut s'élever jufqu'au Ciel , & nous en attirer les
graces à tout moment, *fed voluntas modò adfit, etiam
ad ipfum ufque cælum curret.* Sans neanmoins nous at-
tribuer en cela rien de prefomptueux ; car tout ainfi que la terre eft dite produire d'elle-même, & faire
fruktifier le grain que le Laboureur a femé en elle ,
quoique ce foit par la vertu qui luy eft communiquée par l'auteur de la nature , *ultro enim terra fructificat* : ainfi la volonté eft dite produire d'elle-même,
& faire fructifier la femence que le Prédicateur a ré-
pandu en elle , quoyque ce foit par la vertu qui luy
eft communiquée par l'Auteur de la grace ; la terre
produifant necefairement dans l'ordre naturel, &
la volonté produifant librement dans l'ordre fur-
naturel , fuivant cette doctrine de faint Gregoire:
In Ezec. 2.
3. p. 1330. *Ultro terra fructificat, quia , præveniente fe gratiâ , mens
hominis fpontaneè ad profectum boni operis affurgit* ; car au
refte, quel eft l'homme, pour puiffant qu'il foit , qui
prétende commander à la pluye de venir humecter la
terre, ou au Soleil de la venir échauffer ? qu'eût fervi
à Pharaon d'ordonner que le Nil eût à croître pour
rendre l'Egypte fertile , ou à Achab que la pluye eût
à defcendre pour défalterer la Judée aride? l'homme
n'eft pas capable par luy-même de fe faire obéir des
élemens, le froid & le chaud, l'humide & le fec, ne
					font

font point de fon domaine, c'eft le Seigneur feul qui,
comme il luy plaît, & independamment de l'homme, fait tomber la pluye fur l'heritage du jufte & du
pecheur, & luire le foleil fur les bons, & fur les
méchans ; mais il n'en eft pas ainfi des biens fpiri-
tuels, il a laiffé la°converfion, la penitence, la vertu, la fainteté, en quoi confifte la fecondité fpirituelle, & le falut même, au pouvoir de l'homme, y
cooperant par fa grace. La rofée celefte viendra
toûjours humecter le cœur de ceux qui la fouhaittent
veritablement ; le feu du faint Efprit viendra toûjours embrafer le cœur de ceux qui l'invoquent ; il
fuffit d'élever en haut fa mifere, pour faire defcendre en bas la mifericorde : *afcendit deprecatio, & def-
cendit miferatio.* A peine faint Auguftin eût-il, en ge-
miffant, jetté les yeux fur la fechereffe fpirituelle de
fon ame, qu'il s'y éleva un orage heureux qui fe ré-
pandit en un torrent de larmes : *Ubi vero à fundo ar-* Conf. 8. 12.
*cano alta confideratio contraxit, & congeffit totam miferiam
meam in confpectum cordis mei, oborta eft procella ingens, fe-
rens ingentem imbrem lachrymarum.* Heureux qui toûjours
occupé, toûjours attentif, toûjours éveillé fur ces im-
portantes veritez, ne fe laiffe point aller à l'affoupiffement de la négligence, pendant lequel l'homme
ennemi vient femer l'ivroye dans le champ du Pere
de famille, & par cet affoupiffement, malgré la fertilité du terroir, la bonté du grain, les travaux du Laboureur, & l'influence du Seigneur, quatre avanta-
tages renfermez dans ces quatre mots : *Simile eft regnum cælorum homini Patrifamilias qui feminavit bonum*

Ggggg

semen in agro suo, cause un préjudice notable à la recolte esperée : *cùm autem dormirent homines, venit inimicus
homo, & super seminavit zizania, & abiit*, ainsi que nous
l'allons voir.

PREMIERE CONSIDERATION.

Le demon toûjours envieux & méchant, voyant,
dit saint Augustin, qu'il ne pouvoit empêcher la semence evangelique de fructifier dans le champ de
l'Eglise, ni les Fidelles de s'y multiplier, s'avisa pour
l'étouffer, ou du moins pour l'alterer, & la corrompre, d'y sur-femer le grain pernicieux de la zizanie,
ainsi que nous l'allons voir aprés que nous aurons
rapporté le dénoüement litteral de la parabole, tel
que celui qui l'a proferée a daigné le donner luy-même, & que voici en deux mots.

1°. Celuy qui seme est en Jesus-Christ, le précep-
teur des nations ; *qui seminat semen, est Filius Hominis*,
appellé Fils de l'Homme, afin d'apprendre à l'homme ce qu'il a daigné vouloir estre pour l'homme, dit
saint Augustin, *quod etiam se ipse sæpissime appellat, com-
mendans nobis, quid misericorditer dignatus sit esse pro
nobis.*

2°. Le champ où l'on seme est l'univers entier,
ager est mundus, & particulierement l'Eglise, *in agro
suo*, répanduë dans toute la terre, *Ecclesia sanctorum,
Ecclesia frumentorum toto terrarum orbe diffusorum*, dit le
même Pere ; c'est ainsi que sous une autre parabole
la mer represente tout le monde, & le filet du pê-

De Conf.
Evang. c. 3.

qq Evang.
q. 9. - 2.

cheur, l'Eglise de ce monde , *mare mundum significat,* *sagena unius fidei vel unius Ecclesiæ communionem videtur ostendere.*

3°. Le grain qu'on seme est la doctrine evangelique qu'on prêche, *semen est verbum Dei,* & qu'on repand dans le monde.

4°. Le bon grain est la famille des justes, en qui le Sauveur regne, & qui forment le vrai domaine de Dieu, *bonum verò semen hi sunt Filii regni,* en qui les passions charnelles, comme un peuple auparavant indocile, sont enfin soumises à l'Esprit, *qui omnes animi sui motus componentes, & subjicientes rationi, id est menti & spiritui, carnalesque concupiscentias habentes edomitas fiunt regnum Dei.*

De Serm. Do 6. 2.

5°. L'ennemi qui surseme la zizanie, est le demon, *inimicus qui seminavit zizania est diabolus.*

6°. La zizanie est l'engeance maudite, ou les enfans infortunez de l'esprit malin, *zizania autem sunt filii nequam.*

Mais d'où vient que le demon n'a pas son champ sépare pour y semer sa zizanie à part? c'est premierement que les méchans ne peuvent compatir ensemble, ni se séparer des bons, quelque antipathie qu'ils ayent contre eux, jusques là que Satan même affecte de se trouver en la compagnie des enfans de Dieu, *adfuit inter eos etiam Sathan :* ce ne sera qu'au dernier jour ou l'on en fera pour jamais l'eternelle separation; en attendant l'étranger entrera dans la salle des conviez, quoiqu'il n'en ait pas la robe : & de plus si l'on mettoit tous les pecheurs ensemble dans un

Job. 1. 2.

Ggggg ij

même lieu, fans qu'il y euſt aucun juſte parmi eux ;
tous les impies, tous les meurtriers, tous les ſacrile-
ges, tous les adulteres, tous les ſorciers, tous les
blaſphemateurs d'une paroiſſe, d'une province, d'un
royaume, & qu'ils ſe connuſſent pour tels, ce ſeroit
un enfer commencé, une vraye ſynagogue de Satan,
ils ne pourroient ſe ſouffrir les uns les autres, ils ſe-
roient en horreur au reſte du genre humain & à eux-
mêmes. Les hypocrites, quoyque méchans, affec-
tent, non d'eſtre bons, mais de paroître bons, &
d'eſtre parmi les bons, *hypocrita non vult eſſe, ſed videri
juſtus*. Le demon, au moyen de ce mélange, veut per-
vertir la vertu des bons par la malice des méchans,
augmenter le crime des méchans par le tort qu'ils
font aux bons, & par cette pernicieuſe ſocieté, faire
des faiſſeaux de zizanie de tous pour les brûler tous,
alligate faſciculos ad comburendum ; ajoûtez qu'il tâche
par là de faire gliſſer le mal, de luy-meſme odieux à
tous, ſous le nom & l'apparence du bien, de lui meſme aimable à tous ; & qu'enfin ce malheureux n'a
pas un pouce de terre en propre, ni qui ſoit à lui pour
y répandre ſa maligne ſemence. Extrême pauvreté,
qu'il fut contraint d'avoüer au grand ſaint Antoine,
qui l'interrogeant un jour, d'où vient qu'il ne ceſ-
ſoit de travailler à la ruïne des hommes ; ce n'eſt
point moy, répondit il, qui les perds, ce ſont eux-
meſmes qui veulent bien ſe perdre les uns les autres: *Pulſavit aliquando dæmon monaſterii oſtium: egrediens,
vidi hominem enormi ſublimitate porrectum, caput uſque ad
cælum ; cùm ab hoc quiſnam eſſet inquirerem? ait, ego ſum*

satanas ; & ego, quid, inquam, hîc quæris ? respondit , cur mi-
hi fruftra imputant monachi ? cur mihi omnes Chriftianorum
populi maledicunt ? & ego , jufte faciunt , his enim frequen-
ter moleftas eos infidiis , at ille ait : Nihil ego facio , fed ipfi fe
invicem turbant. Je ne puis plus rien, ajoûta le démon,
n'avez vous jamais lû ce que le P falmifte à predit de
moy ? *rogo , nonne legifti ,* que les armes de l'ennemi
perdroient leur force pour toûjours , *quia defecerunt*
inimici framea in finem, & que.fes villes feroient détrui-
tes , *& civitates eorum deftruxifti ?* Je fuis reduit à n'a-
voir plus aucun bien fur la terre , à ne poffeder rien
en ce monde , *en nullum habeo locum , nullam poffideo*
civitatem : Jefus-Chrift, dont le nom retentit dans
toutes les regions, & chez tous les peuples , m'a dé-
poüillé de tout , *per omnes nationes , cunctas provincias,*
Chrifti perfonat nomen; je m'étois retiré dans les deferts,
& les Moines m'en ont chaffé , *folitudines quoque Mo-*
nachorum ftipantur choris ; en un mot , je fuis devenu mi-
ferable , *nam ego miferabilis factus fum.*

Mais eft-ce icy une reffource à fon indigence , que
de femer en fecret de l'ivroye dans le champ d'autruy
déja enfemencé de bon grain ? ou n'eft-ce pas une
damnable fecondité de fa malice fertile en méchan-
ceté, plûtôt qu'un fecours utile qu'il fe procure par là?
En effet, fi celui , qui pour fe nourrir derobe du bled,
commet un peché ; mais à caufe qu'il derobe moins
pour faire du mal à autrui, que pour fe faire du bien
à luy mefme , ne commet qu'un peché d'homme ;
n'eft-il pas vifible que celui, qui fans en tirer aucun
profit pour lui, détruit la moiffon de fon voifin, com-

met un peché, non d'homme, mais de demon? duquel voici encore un nouveau caractere.

Ce Prince des tenebres vient femer fon ivroye la
nuit pendant que les hommes dorment, *cùm dormirent homines*, & cela fait, il fe retire auffi-toft fans bruit,
& abiit; femblable, felon les Saints, à cette bête
feroce & rufée, qui de fa queuë efface les veftiges de
fes pieds, *verè lucifugia befta*, dit un Pere, qui remarque fort à propos que cet efprit artificieux continua
de tenter le Sauveur au defert, jufqu'à ce qu'il fe
vît découvert; car dés-lors qu'il s'entendit appeller
fatan, il fe retira, *vade fatana, tunc reliquit eum diabolus*. Enfin c'eft un ennemi qui fait ce ravage dans
le champ du Seigneur, *inimicus*; & par confequent
c'eft le démon, contre lequel feul il nous eft permis,
mefme imprimé dans la nature, d'avoir de l'inimitié;
car fi-tôft, comme obferve faint Bafile, qu'Adam
euft peché, le Seigneur mit un divorce irreconci-
liable entre l'homme & le ferpent, *inimicitias ponam
inter te mulierem, & femen tuum & femen illius*. Pourquoy
donc s'etonner fi cet injufte adverfaire vient gâter
la moiffon du Pere de famille, par le mêlange im-
pur de fa maudite femence avec la bonne, laquelle
il prétend amaigrir & attenuer par là ? *inimicus qui
feminavit ziznnia eft diabolus*, & mefme, s'il peut la fuf-
foquer, felon l'expreffion de faint Auguftin : *exem-
plo Chriftianorum, fuffocat Chriftianos*: en un mot, redui-
re le Chrétien dans l'extrême pauvreté temporelle
& fpirituelle, femblable à celle de Judas, qui ne
profita, ni du prix, dont il avoit vendu nôtre Sei-

gneur, ni du prix dont nôtre Seigneur l'avoit rache-
té, dit le mesme Pere : *projecit enim pretium argenti quo* In Pf. 68.
ab illo Dominus traditus erat, nec agnovit pretium quo ipse
à Domino redemptus erat. Ainsi le demon ne profite ni
de l'ivroye qu'il seme, ni du bled qu'il gâte ; il ne
s'enrichit, ni de la corruption des méchans , ni de la
depravation des bons.

Au reste, quand le Seigneur nous dit dans l'Evangile d'aujourd'hui, qu'à la fin du monde il envoye-
ra ses Anges pour ôter de son Royaume, *la zizanie,*
les scandales, & les pechez ; il a voulu nous montrer en
ces trois mots, les trois especes de dereglemens qui
s'introduiroient dans les trois états de son Eglise ;
c'est à sçavoir, *les berefies* parmi les Ecclefiastiques,
les scandales parmi les Moines, *le debordement des vices*
parmi les Laïques : *mittet filius hominis Angelos suos ,*
& colligent de regno suo omnia scandala, & eos qui faciunt
iniquitatem ; sicut ergo colliguntur zizania & comburantur,
sic erit in consummatione sæculi.

1. Il est certain que les Ecclefiastiques ont esté
les auteurs de la plûpart des herefies qui partage-
rent l'Eglise, à commencer par un des sept premiers
Diacres ordonnez par les Apôtres mesmes, princi-
palement aprés que ces grands luminaires, toûjours
vigilans, toûjours attentifs à la conservation du sa-
cre depost des veritez revelées , étant éteints ,
leurs successeurs, devenus hommes , s'assoupirent
dans la nonchalance, & dans l'oubli de leurs plus
plus importans devoirs, *cùm dormirent homines* ; ainsi
que remarque saint Augustin dans nôtre Office ,

cùm dormitionem mortis acciperent Apostoli , & negligentiùs agerent præpopositi Ecclesiarum. L'Eglise, dit, Hegesipe chez Eusebe, semblable à une Vierge chaste, conserva l'integrité de sa doctrine, tandis que les Apôtres vêcurent, & ceux qui vouloient corrompre la pureté de sa foy, n'oserent encore sortir de leurs tanieres sombres ; *Ecclesiam ad hæc neque tempora instar cujusdam virginis integram usque incorruptam permansisse, adhuc in obscuro recessu delitescentibus quicumque rectam prædicationis Evangelicæ regulam depravare niterentur ;* mais après la mort de ceux qui de leurs oreilles avoient entendu la verité même incarnée , pour lors les faux Docteurs commencerent à répandre leurs erreurs dans le champ de l'Eglise : *sed post quam sacer Apostolorum cœtus extinctus est, effluxeratque jam ætas hominum illorum qui divinam ipsam sapientiam suis auribus auscultare meruerant, tunc demum exorta est impii erroris conspiratio, fraude & malitiâ falsorum doctorum , qui doctrinam à veritate penitus alienam disseminare laborarent;* & ce qui favorisa leurs pernicieux desseins, c'est que ce furent *des hommes* qui remplirent les chaires pastorales, & qui s'y endormirent, *cùm dormirent homines* ; car si c'est un defaut essentiel , mesme à un simple fidele, d'estre un homme : quoi vous estes encore des hommes, disoit l'Apôtre aux Corinthiens ? *nonne homines estis ?* que sera ce à des Ministres de Jesus-Christ ? cependant quelle nouvelle Philosophie, celle-cy , s'écrie saint Augustin ? qu'on nous appelle des orgueilleux, des avares, des sensuels, nous n'avons qu'à baisser la teste ; mais qu'on nous tourne

à

Euseb 3. 33.
Vales. &
Christo.

1. Cor. 3 3.

à crime de ce que nous fommes des hommes : que veut-on donc que nous foyons ? *quid nos vult facere ex hoc quod fumus qui fic culpat quod homines fumus?* Quoy l'on pourra nous reprocher que nous appartenons enco-re à Adam, dés là que nous fommes des hommes ? *Homo es, ad Adam pertines :* que veut donc faire eftre les hommes celui qui les blâme de ce qu'ils font des hommes ? *quid eos facere volebat, quibus exprobra-bat quòd homines erant?* & que prétend-il que devien-nent les hommes, les faifant rougir de ce qu'ils font des hommes ? *invenimus Apoftolum tanquam crimen objecifse hominibus quòd homines fint.* Voici ce qu'il veut; il veut que cette parole du Prophete s'accompliffe en eux, j'ay dit : Vous eftes des Dieux, vous eftes tous les enfans du Tres-haut: le Seigneur ne vous a-t-il pas fait une défenfe d'appeller perfonne fur la terre vôtre Pere ? *& Patrem nolite vocare vobis fuper terram, unus eft ex enim Pater vefter cæleftis.* Le Fils de Dieu n'a-t-il pas voulu naître d'une femme, dit faint Chry-foftôme, afin que vous ceffaffiez d'eftre fils d'une femme ? *natus eft ex muliere ut tu defineres effe filius mulieris.* Une Dame Romaine, bien plus recommandable par fa pieté, fa virginité, fon zele, que par fa nobleffe & fes grandes richeffes, venuë exprés dans la Thebaïde, pour s'édifier de la vie merveilleufe des Anachoretes, & reçûë avec honneur par le Patriarche d'Alexandrie, voulut voir Arfene, ce celebre Diacre de l'Eglife Romaine, pour lors retiré dans les deferts où il menoit une vie toute celefte, difant : A Rome je vois bien des hommes, mais icy je vois quelque

Hhhhh

P. 564. chofe de plus ; *funt enim & in civitate noſtra multi homi-*
nes , ſed ego veni Prophetas videre. Si donc les miniftres du Seigneur , ceſſerent d'être des Anges , & des
fils du Tres-haut , & s'ils commencerent à devenir
des hommes & à s'endormir ſur leurs obligations ,
cum dormirent homines , pourquoi s'étonner ſi l'ennemi ſe prevalant de leur ſommeil, vint ſemer l'ivroye
dans le champ du P ere de famille dont la garde leur
avoit eſté commiſe , *venit inimicus & ſuper ſeminavit*
zizania. Caſſien raconte avoir eſté témoin d'un exor-
ciſme , où le demon confeſſa publiquement s'être
ſervi d'Arius & d'Eunomius , pour ſemer dans l'E-
gliſe les dogmes impies contre la divinité du Fils
Coll. 7. 32. & du ſaint Eſprit : *Nos etiam teſtes ſumus qui audivi-*
mus apertiſſimè dæmonem confitentem per Arium & Eu-
nomium , ſe impietatem ſacrilegi dogmatis edidiſſe. Dequoi
nous voyons encore un exemple memorable au troi-
ſiéme livre des Rois, continue ce pieux Auteur, où
on lit que le démon pour tromper Achab , s'offroit
d'eſtre un eſprit menteur dans la bouche des faux
Prophetes auſquels ce Prince abuſé ajoûtoit foy ;
3. R g. 22. *egrediar, & ero ſpiritus mendax in ore Prophetarum ;* trom-
22. perie contre laquelle ſaint Paul precautionne les Fidelles, en les avertiſſant de ne pas preſter l'oreille aux
eſprits d'erreur , & à la doctrine des demons, que de
faux Docteurs , cachant ſous un exterieur reformé
une conſcience gaſtée , enſeigneroient , *attenden-*
1. Tim. 4.1. *tes ſpiritibus erroris , & doctrinis dæmoniorum in hypocriſi*
Ibi. *loquentium mendacium , & cauteriatam habentes conſcien-*
tiam : dangereux hypocrites , qui ſervent d'organes

& d'instrumens au démon, dit saint Chrysostôme, pour répandre la zizanie du mensonge dans le champ de la verité, *spiritus autem erroris meritò ipsos appellavit, quippe ejusmodi spiritibus afflati, (hæretici) ista loquentur, rursum futura zizania prænuntians (Apostolus)* D'ailleurs la zizanie, selon saint Augustin, est un symbole tout naturel de l'heresie, qui se fait honneur de porter le nom Chrétien qu'elle prophane, & d'avoir pour tige l'Evangile qu'elle corompt; *zizania possunt dici hæretici, quia ex eodem Evangelii semine, & Christi nomine procreati, pravis opinionibus ad falsa dogmata convertuntur.* En effet, les proprietez de la zizanie repondent parfaitement aux mauvaises qualitez de l'heresie.

Premierement, l'une & l'autre germent & pullulent à l'infini : l'heresie semblable à l'hydre se multiplie par sa destruction, & de sa teste coupée il en renait plusieurs autres testes, dit encore Cassien : *hæreses hydræ similitudinem gerunt sectis capitibus renascuntur :* c'est une racine malfaisante qui croît, & qui malgré qu'on en ait se fait tolerer dans le terroir de l'Eglise, *semper has agri dominici lappas seges toleravit, & in eo suffocatricis zizaniæ germen emersit.* En combien de branches & de rameaux ne s'est pas étenduë, & partagée l'impieté Arienne ? *hinc Ariani pullularunt, &c.* ce que l'on peut également dire de toutes les autres heresies des siecles suivans jusques à celles de nos jours : grand sujet d'effroy pour les heresiarques & les chefs de parti, qui responsables au Pere de famille de tant de bon grain qu'ils ont infecté,

H h h h h ij

ne peuvent attendre que ce terrible arreſt , *alligate*
zizania in faſciculos ad comburendum. Aujourd huy feſte
de l'Epiphanie , s'écrioit en mourant Berengarius ,
Jeſus-Chriſt m'apparoîtra, ou pour me pardonner,
comme je l'eſpere, à cauſe de ma penitence, ou pour
me condamner comme je le crains,à cauſe de la perte
de tant d'ames que j'ai entraînées dans mes erreurs :
hodie , inquit , in die apparitionis ſuæ apparebit mihi Domi-
nus meus Jeſus Chriſtus propter pœnitentiam , ut ſpero, ad
gloriam , vel propter alios , ut timeo , ad pœnam. Ajoûtez à
cela , que ces malheureux germes ont fait un tel pro-
grez, qu'ils occupent plus de terrein, dans le champ du
Seigneur , que ne fait le pur froment : *concedo in compa-*
*ratione zizaniorum, & palearum, frumenta eſſe pauciora,*dit
S. Auguſtin : verité que le mot meſme de zizanie inſi-
nue aſſez, puiſque c'eſt un plurier,*ſuper ſeminavit ziza-*
nia , & que la zizanie dans la langue originale n'a
point de ſingulier, comme le bon grain , *frumentum.*

En ſecond lieu , la zizanie eſt une racine pleine de
feu ; autre nouveau caractere de l'hereſie , toûjours
rebelle, contentieuſe, opiniâtre: le demon voyant ſes
temples abandonnez , dit ſaint Auguſtin ; *videns au-*
tem diabolus templa dæmoniorum deſeri , & le genre humain courir aprés ſon liberateur & ſon mediateur,*&*
*in nomen liberantis mediatoris currere genus humanum,*ſuſci-
ta les heretiques, qui ſous le nom Chrétien, entre-
prirent de combatre la doctrine Chrétienne ,*qui ſub*
vocabulo Chriſtiani, doctrinæ reſiſterent Chriſtianæ. En voi-
cy un des plus éclattans exemples, ſur lequel on peut
juger des autres : Aprés trois ſiecles de perſecutions

De verb.
Dom. ſe-
cund Mat.
ſer. 18.

L. 18 de
liv. Dei c.
15.

Contre l'Eglife le peuple fidelle commençant à joüir d'une paix profonde, lifons nous dans Eufebe, *florebat populus Dei, &c.* voici qu'un tumulte horrible s'excita tout d'un coup comme un tourbillon impetueux caufé par les heretiques; *etenim invidia intrò irrepens, poftea in medio fanctorum tripudiavit, tandem vero Epifcopos interfe commifit, tumultum & altercationem inter eos excitans; divinorum dogmatum obtentu, & exinde ex hæreticorum collifione, fcintillæ atque incendia excitantur.* Cette étincelle s'accrut, & caufa bien-tôt un épouventable embrafement dans l'Eglife, *exinde tanquam ex levi quadam fcintilla graviffimum exarfit incendium :* faint Auguftin dit que les entrailles des heretiques font toûjours pleines de bile, & de feu : *folent hæreticorum fervere præcordia.* Que l'animofité les inquiéte fans ceffe, *animofitas hæreticorum femper inquietat,* le caractere de l'heretique eft d'avoir l'efprit ardent & vif, dit faint Jerôme, *nullus poteft hærefim ftruere, nifi qui ardentis ingenii eft:* le vent des contentions en accroît la flamme, & la pouffe dans les pays les plus éloignez : *fed nequaquam tam latè potuiffet effundere, nifi contentione crevif-fet,* écrit Severe Sulpice, parlant d'une erreur nouvelle, qui de fon temps s'étoit élevée : enfin on ne voit rien de plus frequent fur cela dans l'antiquité, finon qu'il faut brûler les livres heretiques, & éteindre ainfi le feu éternel par le feu temporel, *alligate zizania in fafciculos ad comburendum ;* furquoy nous lifons dans la vie des Peres, qu'un faint Abbé eut une fois cette vifion. Il lui fembloit en dormant voir la tres-pure Vierge à la porte de fa cellule, & comme

H h h h h iij

il la prioit d'y entrer ; elle le refuſa, lui diſant, d'un
air ſevere : Qu'il avoit chez luy ſon ennemy , puis
elle diſparut. Luy étant reveillé , & s'affligeant ex-
tremement de ce reproche, crût eſtre coupable de
quelque grand crime, ſçachant bien qu'il étoit ſeul
dans ſa cellule : plongé dans cette noire penſée, il prit
pour ſe ſoulager dans ſa peine , un livre qui ſe trouva devant luy, & qu'on lui avoit preſté, & l'ouvrant,
il y trouva un traité de l'heretique Neſtorius contre
la tres-ſainte Vierge ; & pour lors ne doutant point
que ce ne fût là cet ennemi, dont on luy avoit parlé , il rendit l'ouvrage à celui duquel il le tenoit, qui
tout indigné, le jetta ſur le champ au feu; diſant: A
Dieu ne plaiſe que je garde dans ma cellule l'ennemi de Marie Nôtre-Dame, la ſainte Mere de Dieu
toûjours Vierge ; *qui zelo Dei ſuccenſus protinus libros
Neſtorii igni tradidit, dicens: Non remanebit in cellâ meâ Do-
mina noſtra ſanctæ Dei genitricis ſemperque virginis Mariæ
inimicus.*

Troiſiémement, la zizanie & l'hereſie, chacune
dans leur eſpece, ſont des plantes qu'on ne peut preſque jamais entierement extirper : Voulez-vous, di-
ſoient les ſerviteurs au Pere de famille , que nous
allions arracher cette maudite yvroye qui pullule parmi le bon grain ? *vis imus , & colligimus ea ?* Non, leur
répondit-il, de peur qu'en arrachant la zizanie, vous
n'arrachiez auſſi le bon grain : *ne forte eradicetis ſimul
& triticum :* en effet, comment les diſcerner ? *ſimilem
habentes herbam, ſed non parem fructum,* dit ſaint Auguſtin ; les paroles agréables ſont comme l'herbe

In ſ 64.
p 805.

naiffante, qui couvre la mauvaife femence que l'heretique porte dans fon fein, & que le demon, ca-
ché fous la langue d'un homme éloquent, repand
dans le monde ; *inimicus homo,* & cela toûjours au nom
de Jefus-Chrift, & ne prêchant fans ceffe que refor-
me, qu'Eglife primitive, qu'ancienne difcipline, que
morale fevere, qu'ils ne pratiquent pas fouvent eux-
mêmes : *cùm diabolus afperfis pravis erroribus, falfifque*   q. 9. Ev.
opinionibus fuperfeminatis, præcedente nomine Chrifti, hærefes   Matth. q. 11.
fuperjeciffet, magis ipfe latuit atque occultiffimus factus eft;
hoc eft enim : & abiit ; mais c'eft en vain que l'heretique s'attribue l'antiquité, le champ du Pere de famille, eftoit déja enfemencé quand l'homme ennemi vint pendant la nuit y furfemer l'ivroye ; & le
bon grain avoit pouffé avant que la zizanie y eût efté
jettée ; ce qui fait voir que l'Eglife eft toûjours ante-
rieure à l'herefie : *non prior peperit hærefis, quàm Ecclefia,*   L. 1. de Bap.
dit encore le mefme Pere : Que les Miniftres de l'E-   contr. Don.
glife s'abftiennent donc de vouloir arracher violem-   c. 19. p. 163
ment la zizanie, c'eft-à-dire, d'exterminer les heretiques avec le fer ; ce feroit une conduite trop contraire à fon efprit ; & d'ailleurs le pourroient-ils fans
bleffer grievement la chatité, fans envelopper le
Catholique, fouvent foible, dans la ruine de l'heretique, attendu même leurs liaifons temporelles,
ne fortè eradicetis fimul & triticum ; fans faire perir bien
des errans, qui dans la fuite pourroient fe mettre dans
le droit chemin, & devenir de bons Catholiques,
Cette efpece d'ivroye pouvant fpirituellement fe
changer en froment ; *quia multi primò zizania, & poft-*

Hic.

ea triticum fiunt, qui niſi patienter cùm mali ſunt tolerentur,
ad laudabilem maturitatem non perveniunt, itaque, ſi evul-
ſi fuerint, ſimul eradicatur & triticum quod futuri eſſent, ſi
eis parceretur; ainſi que remarque ſaint Chryſoſtôme

q q in Mat.
g. 12.

& ſaint Auguſtin, *quia ſi arma capietis, neceſſe eſt cùm*
hæreticos trucidatis, trucidetis & multos in triticum conver-
tendos. Au reſte que l'heretique n'abuſe pas de ce
mélange, de cette tolerance, & de cette longanimi-
té du Pere de famille à arracher l'ivroye; car la moiſ-
ſon viendra, & pour lors la zizanie ſera ramaſſée
en des faiſſeaux à part, & jettée au feu ſans reſſource;
ſi verò hac longanimitate abutantur, dicam meſſoribus : Col-
ligite primùm zizania ad comburendum.

De ce qu'on a dit cy-deſſus, on voit en premier
lieu la malice du demon. 1°. A obſerver le temps de
la nuit, lorſque les hommes dorment, temps favo-
rable à ſon mauvais deſſein. 2°. A ſemer ſon ivroye
lorſque le champ du Pere de famille eſt encore re-
cemment enſemencé, & la terre preparée. 3°. A re-
pandre la zizanie, non aux extremitez, mais au milieu du champ, & du bon grain. 4°. A mêler ſi bien
ſa zizanie avec le froment, qu'on ne puiſſe arracher
l'un ſans l'autre.

On voit en ſecond lieu dans ſes ſerviteurs fideles :
1°. Leur vigilance à d'écouvrir d'abord la zizanie.
2°. Leur inquiétude quand ils l'ont apperçûë. 3°. Leur
zele à vouloir l'arracher promptement. 4°. Leur dé-
pendance à ne vouloit rien faire, meſme de ce qui
paroiſt bon, ſans avoir conſulté leur maître, grande leçon pour les Miniſtres inferieurs.

On

On voit enfin dans ce Pere de famille, 1°. Sa prudence à moderer la trop grande vivacité de ses ferviteurs. 2°. Sa charité à prendre garde qu'on ne nuife au froment. 3°. Sa patience à attendre le changement du mauvais grain. 4°. Son difcernement à feparer l'un d'avec l'autre au temps de la moiffon. 5°. Sa juftice, en faifant ferrer le froment dans fon grenier, & jetter la zizanie au feu. Ces excellentes obfervations font de faint Chryfoftôme : *Ne fufpicentur fervi quafi unà cum zizaniis frumenta excidantur. Vide autem & ipforum fervorum diligentiam, nam & fi non prudenter, fedulò tamen, ad evellenda zizania feftinant, quæ res follicitudinem ipforum erga femina oftendit, qui quomodo morbum depellant inquirunt, nec fibi confidunt, fed Domini fententiam expectant ; & ideò interrogant, dicentes: Vis, imus & colligimus ea ?* Au refte que la zizanie ou le novateur, encore une fois, ne fe glorifie pas de ce qu'on le fouffre dans le territoire de l'Eglife, fans qu'on l'en arrache avant la moiffon ; car fon fupplice ne fera pas pour cela moindre que celuy de la paille, qui par fa legereté criminelle s'envole hors l'aire du Pere de famille ; figure du mauvais Catholique, qui avec fa foy, fans les bonnes œuvres, ne laiffera pas d'eftre jetté au feu ; *paleas autem comburet igni inextinguibili* ; ainfi qu'obferve faint Auguftin ; *illi qui in eadem fide mali funt, palea potius quam zizania deputantur* ; or, comme ajoûte ailleurs le même Pere ; *quid autem intereft qui charitatem non habet utrùm foras avolet aliquo vento tentationis ablatus, an intùs de meffe dominica non recedat, in ultima ventilatione feparandus ?* c'eft de cette forte que raifonnoit Tertullien. Il importe peu au demon qu'on periffe, ou par une luxure ignominieufe, ou par une continence orgueilleufe, pourvû qu'on periffe : *nihil apud diabolum refert alios luxuria, alios continentiâ occidere.* Que d'utiles inftructions dans cette riche parabole !

1°. Que ces hommes qui s'endorment, *cùm dormirent homines*, font les Miniftres negligens de l'Eglife : *homines qui dormiunt, Magiftros Ecclefiarum intellige*, dit faint Jerôme.

2°. Que les zizanies furfemées, *fuperfeminavit zizania*, font les dogmes des heretiques ; *zizania, hoc eft hæreticorum dogmata*, continuë le méme Pere.

3 . Que le paffage de la doctrine ancienne à l'erreur nouvelle, qui fe couvre toûjours du voile de la pieté & de l'antiquité, fe fait comme imperceptiblement, & ne fe découvre d'abord que par les Fideles éclairez, & forts dans la foy ; *cùm autem creviffet herba & fructum feciffet, tunc apparuerunt & zizania,* ainfi que s'exprime faint Auguftin : *cùm enim fpiritalis homo effe cœperit, dijudicans omnia, tunc ei errores incipiunt apparere.*

4°. Qu'il ne faut pas aller vîte quand il s'agit d'anathematifer fes freres fufpects, de peur de s'y méprendre, & d'arracher le bon grain qui naît, avec la zizanie qui pullule ; *grandis enim fimilitudo eft, & in difcernendo, aut nulla, aut perdifficilis diftantia* ; & afin de donner lieu à la penitence, *ut detur locus pænitentiæ,* & à la refipifcence ; tel étant aujourd'huy dans l'erreur, qui pourra demain ouvrir les yeux à la verité, selon le même Pere ; *ne citò amputemus fratres, quia fie-ri potest ut ille qui hodiè noxio depravatus est dogmate, cras resipiscat, & defendere incipiat veritatem ;* sans préjudice neanmoins de la correction, de l'admonition, de la priere, de la delation au superieur, de la bonne discipline ; *præmonet ergo Dominus, ne ubi quid ambiguum est, citò sententiam proferamus.*

5o. Qu'il faut attendre que les affaires, mesmes bonnes, soient meures, si l'on peut parler ainsi, afin d'en recueillir du fruit ; *prohibetur eradicatio, & usque ad messem tenenda patientia.* Tout ceci est de saint Jerôme.

6o. Que le pur froment de la Doctrine Catholique, se seme & se préche sans crainte, & en plein jour ; que l'heresie, au contraire, toûjours timide dans ses commencemens, n'ose paroître qu'en cachette, & à l'ombre du bon grain ; mais que s'étant une fois étendue & fortifiée par la multitude, elle leve hardiment la teste au milieu de l'Eglise ; *tunc apparuerunt simul zizania*, ainsi que saint Chrysostome l'observe en cet endroit : *id moris est apud hæreticos, ut obumbrent seipsos, atque occultent in principio quousque majorem fiduciam capiant, & quodam favore multitudinis juventur ; tunc enim copiosa venena intrepidi effundunt.*

Icy qui ne gemira de voir que les serviteurs du Pere de famille, c'est-à-dire, les Ministres du Fils de Dieu, qui par leurs emplois devoient veiller à la conservation de la pure doctrine, ont eux-mesmes par leur esprit de dispute & de contention, semé la zizanie dans le champ de leur maître, renversé l'Eglife orientale, infecté une grande partie de l'Eglife d'Occident, & par leurs herefies, leurs fchifmes & leurs fectes, déchirent encore tous les jours continuellement la robe de Jefus-Chrift.

Saint Pierre, Patriarche d'Alexandrie, étant en prifon pour la foy, qu'il fcella peu aprés de fon fang, fut vifité par Achillas & Alexandre, deux Prêtres de fon Eglife qui luy fuccederent l'un aprés l'autre dans l'Epifcopat, & preffé par eux de remettre dans la communion de l'Eglife Arius, qui fembloit eftre revenu à refipifcence, il leur dit : Je ne puis vous accorder ce que vous me demandez, non par le mouvement d'une dureté inflexible, ou d'une feverité outrée ; car je reconnois avoir befoin moy-même de la mifericorde divine plus que tout autre ; mais croyez-moy, Arius vous trompe, il n'a point abjuré dans le cœur fon herefie ; j'ay vû cette nuit Jefus-Chrift avec une robe dechirée depuis le haut jufqu'en bas, & comme tout effraié je me fuis écrié : Seigneur, qui vous a mis en cet état ? il m'a répondu : C'eft Arius, qui par fon herefie a déchiré mon Eglife : *Apparuit mihi Chriftus hac nocte, habens colobium fciffum in partes utrafque a collo ufque ad pedes, cui exclamans dixi : Domine, quis fcidit tibi indumentum ? at ille : Arius fcidit veftem meam.*

SECONDE CONSIDERATION.

Que fi les Preftres affoiblirent l'Eglife en la divifant par les herefies, les Moines ne la deshonno-

terent pas moins par leurs fcandales, tous les deux
degenerant ainfi de leur ancienne pieté.

Les premiers Anachoretes pour s'éloigner davantage du monde, s'enfoncoient dans les deferts les
plus reculez : un d'entre eux, tres celebre par fes vertus, fe renferma dans une cellule hors de tout com-
merce, & y demeura pendant foixante ans fans s'eftre
jamais laiffe voir à perfonne, & fans avoir jamais
parlé à perfonne : *Acepfimas fe contulit in cellulam, &*   *Theod. 128*
fexaginta annos continuos tranfegit, neque vifus à quoquam,
neque cuiquam locutus. Un autre non moins fameux,
preffé par l'Evêque d'Alexandrie, qu'il pût le voir,
avec ceux qu'il avoit avec luy, ayant peine de refu-
fer fon Prélat, luy manda qu'il ne pouvoir lui fermer
l'entrée de fa grote ; mais qu'enfuite il le prieroit d'a-
gréer qu'il quittât cette demeure, & fe retirât dans
une folitude plus écartée, où on ne le trouveroit
plus : *Si venis ultra, non fedebit hic Arfenius:* c'en fut af-   *P. 523.*
fez, afin qu'on le laiffât en paix : leur maxime étoit,
que comme le poiffon perd la vie fi tôt qu'il eft hors
de l'eau ; ainfi le Moine perd fon efprit, fi-tôt qu'il
eft hors de fa cellule : *ficut pifcis ex aqua eductus ftatim*   *p. 516.*
moritur, ita & Monacus perit, fi foris cellulam fuam vo-
luerit tardare. Mais enfin s'eftant humanifez, ils vin-
rent chercher le monde, qui ne venoit plus les chercher. Si vous voulez eftre ce que voftre nom fignifie,
difoit faint Jerôme, c'eft-à-dire, eftre un Moine, *fi*
cupis effe quod diceris, Monachus, id eft folus; que faites-   *Ad Paulin.*
vous dans les villes, qui font des aff mblees d'hom-   *p. 565.*
mes, & non des lieux folitaires ? *quid facis in urbibus, quæ*

I i i i iij

utique non sunt solorum habitacula , sed multorum.

Les vêtemens des anciens Moines estoient de rudes cilices, & toûjours les mêmes en hyver & en esté: *Vestes autem ex asperis ciliciis & ovium pellibus sunt , carnem atterentes, eædem sunt , tam ætatis quam hyemis.* Saint Arsene , si somptueux dans le siecle , s'étudioit dans le desert à ne se revêtir que des habits les plus vils & les plus abjets de tous ceux que portoient les Moines: *studebat ut ab omnibus Monachis viliora & despectiora vestimenta haberet ;* mais dans la suite , les Moines cesserent de porter ces habits de penitence & d'humiliation pour s'adonner au luxe & à la vanité; *ecce enim habitus noster, quod & dolens dico, qui humilitatis esse solebat insigne , à Monachis temporis nostri in signum gestatur superbiæ :* à peine , continuë ce Saint , trouvons-nous dans nos provinces des étoffes assez precieuses pour nous revêtir, *vix jam in nostris provinciis invenimus quo vestiri dignemur :* le Moine & le Cavalier se font de la même piece de drap, le Moine un froc, le Cavalier une veste, *Miles & Monachus ex eodem panno partiuntur sibi cucullum, & chlamidem.*

Les premiers Moines avoient une table commune , où on ne servoit que des racines & des legumes , & encore en mediocre quantité : *Monachis mensa communis apponitur , non opiparis instructa deliciis, sed leguminibus solùm , & oleribus apparata satis ad vivendum :* mais on déchut peu à peu de cette grande abstinence , les Moines prirent divers Officiers pour leur table , & s'adonnerent aux mêmes festins que les gens du monde : *in quibusdam Monachis,* dit saint Jerôme en

gemiſſant, *eadem miniſteria ſervulorum , idem apparatus* Ad Ruſtic.
convivii: que ſi quelquefois ils retrancherent la vian-
de, ce ne fut que pour ſubſtituer en ſa place une multitude de poiſſons d'une grandeur & d'un goût ex-
traordinaire, *fercula ferculis apponuntur , & pro ſolis car-* S. Bern. ibi,
nibus aquibus à bſtinetur, grandia piſcium corpora duplicantur,
magna accuratione & arte coquorum cuncta apparata :
Quel ſcandales dans le champ du Pere de famille?
mittet Filius hominis Angelos ſuos , & colligent de regno ejus
omnia ſcandala , & mittent in caminum ignis; ibi erit fletus
& ſtridor dentium.

　　Les premiers Anachoretes étoient perſuadez que
leur état ne portoit point de s'adonner à la ſcience, ni
de s'ériger en docteurs; mais de conſommer leur vie
dans les gemiſſemens & les larmes de la penitence,
& ſur leurs propres pechez, & ſur ceux de tout le
monde , & de trembler toûjours dans l'attente du
ſouverain Juge : *Monachus non doctoris habet, ſed plan-*
gentis, officium, qui vel ſe, vel mundum lugent, & Domi- Adv. Vigil.
ni pavidus præſtoletur adventum, dit ſaint Jerôme. Saint
Arſene, choiſi par le Pape Damaſe, & envoyé à l'Empereur, pour eſtre precepteur des Princes ſes enfans,
& par conſequent tres-habile, s'abſtint toute ſa vie de
parler de queſtions ſur l'Ecriture, & d'écrire des lettres, *nunquam voluit loqui de quæſtione aliqua ſcripturarum,* G. 23.
cùm poſſet magnifice ſi vellet, ſed neque epiſtolam citò ſcripſit
ad aliquem; mais les Moines eſtant devenus hommes,
& s'eſtant endormis ſur leurs principaux devoirs,
l'ennemi ſema bien-tôt parmi eux, le ſcandale des diſ-
putes & des contentions; ils oublierent qu'il falloit

laisser les livres à ceux qui sont chargez d'instruire les autres : *homo fide, spe & charitate subnixus, eaque inconcusse retinens, non indiget scripturis, nisi ad alios instruendos*; qu'un parfait Solitaire devoit moins chercher à se nourrir dans l'étude des écritures, que dans la meditation des vertus ; *itaque multi per hæc tria etiam in solitudine sine codicibus vivunt*; qu'il devoit faire voir en luy un commencement de cette autre vie, où l'on contemple à découvert les veritez qu'on entrevoit en celle-cy; où les Propheties disparoîtront, les langues cesseront, la science sera détruite, pour faire place à la claire vision : *Unde in illis arbitror jam completum esse quod scriptum est, sive Prophetiæ evacuabuntur, sive linguæ cessabunt, sive scientia destruetur.* Pourquoy donc s'étonner si les Moines s'éloignant d'un principe si humble & si conforme à leur état, tomberent dans les erreurs & les nouveautez de leur temps, & si leurs solitudes se trouverent bien-tôt peuplées d'heretiques, & de mauvais livres : *unde inter Monachos dissensio non parva, & quasi bellum pestiferum ortum est*, dit Socrate ; les uns donnerent dans les dogmes impies de Nestorius, d'Origene & de Theodore de Mopsueste; le Monastere de saint Sabas en fut si infecté, que cet Abbé celebre fut obligé de se séparer de leur communion; les autres allerent plus loin & se firent de dangereux heresiarques, ainsi que Sergius, dont les erreurs subsistent encore en Orient : *Nestorii verò & Origenis hæresis morbo multi Monachi laborabant, & timendum erat ne alios attraherent ad malorum societatem ; alii visi sunt tenere dogmata Theodori Mop-sueftiæ,*

ſueſtiæ, quos magnus Sabas à ſuorum ſtatim expulit conver-
ſatione: ils ſe dechirerent les uns les autres, ils infecte-
rent les peuples, qui n'avoient que trop de confiance
en eux ; juſques-là qu'un Evêque tres-catholique &
peut être trop zelé, gemiſſant du préjudice qu'ils cau-
ſoient à ſes dioceſains , & ne voyant aucun moyen
d'y remedier , brûla pluſieurs de leurs Monaſteres, &
chaſſa ainſi les loups de ſa bergerie ; *Letoius Melitinen-*
ſis Epiſcopus, vir ſingulari ſtudio erga pietatem exardeſcens ,
cùm videret multa Monaſteria hunc contraxiſſe morbum, ea   4. 10.
incendit, & lupos à grege abegit , dit Theodoret.

Pardeſſus toutes choſes , les anciens Moines
fuyoient la frequentation des perſonnes du ſexe,
même de leurs parentes ; leur doctrine eſtoit, que
comme le ſel ceſſe d'eſtre ſel , & perd toute ſa vertu
quand il s'approche de l'eau ; ainſi le Moine, s'il s'approche de la femme , ceſſe d'eſtre Moine, & perd
toute ſa grace : *ut ſal deſinit eſſe ſal, ſi appropinqua ve-*   933.
rit aquæ , ſic Monachus deſinit eſſe Monachus , ſi appropin-
quat mulieri. La ſœur de ſaint Pachome eſtant venuë
dans le deſert, pour voir ſon frere, dont on publioit
tant de merveilles, il refuſa de ſortir de ſa cellule ,
& il lui envoya le Portier du Monaſtere pour luy dire
ces paroles : Ma ſœur je ſuis en vie, & je me porte
bien ; *ecce, ſoror, audiſti de me quod vivam , & incolumis*   123.
exiſtam; c'en eſt aſſez, retirez vous en paix, & gardez-
vous de vous affliger, ſi je ne vous vois pas des yeux
corporels : *perge igitur in pace, nec contriſteris quòd te non*
videam corporalibus oculis. La mere du Solitaire Theodore eſtant venue auſſi avec pluſieurs lettres & re-

Kkkkk

c)mmandations d'Evêques à l'Abbé du Monaſtere
de ſon fils, afin qu'elle pût le voir, ce pieux Soli-
re le refuſa, diſant à ſon Superieur : Promettez moy,
m)n Pere, que Dieu ne m'inputera point cette con-
deſcendance humaine au jour de ſon jugement, &
je la verrai ; car en renonçant au monde entier, j'ay
renoncé à ma mere, & je ne veux plus voir ni l'un
ni l'autre ; *priùs me, venerabilis, pater certum facito quòd ſi*
videro eam, non dabo inde rationem Domino in die judicii,
hanc enim juxta mandatum Chriſti cum toto mundo deſerui.
L'Abbé Jean, ſi honoré de l'Empereur Théodoſe,
ne vid jamais, ni aucune femme, ni preſque aucun
homme, *mulierum tamen illuc nulla ad conſpectum qui-*
dem ejus acceſſit, ſed & viri rarò : un Tribun l'étant
venu prier que ſon épouſe le pût voir, il le refuſa,
nonobſtant que cet Officier luy repreſentât les extre-
mes incommoditez qu'elle avoit ſouffertes pour ſe
rendre dans ce deſert ; diſant que depuis ſa retraite
dans la grotte, il n'avoit jamais vû, ni femme, ni
argent : *quadraginta annos verſor in hac cella, non vidi*
ſaciem fœminæ, non ullum nummum. Faiſant ainſi voir
que leur deſintereſſement n'eſtoit pas moindre que
leur chaſteté, comme il parut dans un autre Solitaire,
qui preſſé par un grand Prélat de recevoir cent pie-
ces d'or, ne voulut jamais les accepter, luy diſant
cette belle parole : Si le Moine a de la foy, il n'a
pas beſoin d'argent s'il a beſoin d'argent, il n'a pas
de foy : *Monachus, ſi fidem habet, horum non indiget ; ſi*
autem horum eget, fidem non habet. Un autre Abbé, du
jour même qu'il quitta la maiſon paternelle pour ſe

consacrer à Dieu , se dévoüa pour ne jamais voir de ses yeux aucun de ses parens : *Pior cùm statuißet Monasticæ vitæ se consecrare , eo ipso temporis vestigio quo ea de causa paternis ædibus vale dixit , spopondit se de cætero neminem ex suis aliquando oculis conspecturum.* 629.

Que d'exemples édifians ! mais helas ! que de relâchemens scandaleux ! Ecoutous saint Jerôme: J'admire , disoit ce grand Docteur, & ce vray solitaire ; J'admire & je suis comme hors de moy , de voir des Moines ne rougir pas de frequenter sans cesse les maisons des grands du siecle & de lier de longs entretiens avec les Dames : *Miror non erubescere Monachum lustrare nobilium domos , hærere salutationibus matrona-rum.* Ad Domn. p. 296.

Finissons ce triste sujet par l'histoire suivante rapportée par saint Gregoire : Il n'y a pas long-temps, dit ce grand Pape, qu'un homme tres-venerable , nommé Martin, embrassa la vie solitaire à Marsique, montagne de la Campanie, plusieurs de nos freres l'ont connu, & ont esté témoins de ses actions ; j'ay même appris diverses circonstances de sa vie de mon predecesseur le Pape Pelage : il s'estoit renfermé dans une grotte fort étroite, qui luy servoit de cellule ; & outre un nombre considerable de merveilles que je pourrois en rapporter , en voici deux dignes de nôtre attention : Le demon envieux entreprit de le chasser de cette solitude ; pour cet effet il s'empare d'une beste , sa familiere & ancienne amie, il se presente à luy sous la figure hideuse d'un serpent : *nam amicam sibi bestiam serpentem scilicet ingreßus ,*

Kkkkk ij

hunc ab eadem habitatione ejicere, facto terrore, conatus est.
Cet animal entre dans la grotte du Solitaire & se
trouve avec luy seul à seul : *Cœpit etenim serpens in spe-*
luncam venire solus cum solo. Il s'étend devant luy
quand il veut prier, il se couche le long de lui quand
il veut dormir : *eoque orante se ante illum sternere, &*
cum cubante pariter cubare. Le serviteur de Dieu, ne
s'étonne pas : Si Dieu t'a donné pouvoir de me nui-
re, lui dit-il, je ne t'en empêche pas. Ce rude com-
bat dura trois ans, sans que le Saint fût jamais effraié. Enfin l'ennemi ancien voyant qu'il ne pouvoit rien gagner sur un esprit affermi par une telle
confiance en Dieu, se precipite un jour tout en feu
du haut de la montagne en bas, brûlant tout ce qu'il
trouva sur sa route, & témoignant par là combien
grande étoit la vertu de celui qui venoit triompher
d'un tel adversaire. Jugez donc, dit saint Gregoire,
à quel haut degré de perfection estoit monté un
homme qui put demeurer sans crainte trois ans du-
rant auprés d'un serpent : *perpende, quæso, vir Domini*
iste, in quo mentis vertice stetit qui cum serpente per triennium
jacuit securus. Mais voici cet intrepide Saint qui va
s'effrayer, & fuïr. Il a pû demeurer tranquillement
seul à seul avec un serpent : *cœpit serpens in speluncam*
venire solus cum solo; il a pû habiter pendant trois ans
avec un tel hôte dans une même cellule : *cœpit etenim*
serpens in speluncam venire, per triennium; il a pû le voir
étendu devant luy pendant sa priere, sans se distrai-
re d'un si saint exercice : *eoque orante se ante illum ster-*
nere; il a pû dormir en assurance avec un serpent

poffedé par le diable , & couche le long de lui : *&*
cum cubante pariter cubare. Tout cela n'a point ébran-
lé fa confiance au Seigneur, il ne s'eft point enfui;
cependant voici une autre efpece d'ennemi qui va
l'intimider.

Ce pieux Solitaire , continuë faint Gregoire ,
avoit refolu dés le moment de fa retraite, de ne plus
regarder de femmes ; non qu'il méprifât ce fexe ,
mais parce qu'il apprehendoit , que la vûe de leurs
attraits, ne luy attirât quelque tentation : *decreve-*
rat ut ultra mulierem non videret , non quia afpernabatur
fexum , fed ex contemplata fpecie , tentationis incurrere me-
tuebat vitium. Une femme qui fçut cette refolution ,
voulut éprouver la conftance de ce chafte Anacho-
rete. Elle monte hardiment au fommet de la montagne , & elle arrive à la cellule du ferviteur de Dieu.
Celui-ci l'ayant apperçûe de loing, & connu à fes habits , que c'étoit une femme qui venoit le trouver,
fe profterna auffi tôt en oraifon , le vifage contre
terre, & demeura fi long-temps en cette pofture ,
que cette impudente laffee de tant attendre fe retira de l'ouverture qui fervoit de fenêtre à la cellule de
noftre Solitaire : *muliebria indumenta confpiciens , fefe in*
orationem dedit, in terram faciem de preffit , & eo ufque
proftratus jacuit , quo impudens mulier à feneftra cellulæ il-
lius fatigata recederet : mais elle ne porta pas loin la
peine dûe à fa temerité , car le jour même elle mou-
rut; Dieu voulant marquer par un fi prompt châti-
ment , qu'il condamnoit l'effronterie de cette femme, laquelle avoit ofé contrifter fon ferviteur.

Comment l'or s'eſt-il obſcurci ? comment le feu ſacré s'eſt-il changé en boüe ? Si le Seigneur ne nous eût laiſſé quelques reſtes de la bonne ſemence repandue dans ſon champ, quoique couvert d'ivroye, que ferions-nous devenus ? *miſericordiæ Domini, quia non ſumus conſumpti.* Le ſaint Eſprit, qui vivifie l'Egliſe a toûjours ſuſcité diverſes pieuſes Congregations, qui de temps en temps ont germé dans le terroir du pere de famille, & ont tâché de recouvrer & reparer ce premier eſprit qui ſembloit comme éteint, & d'attirer cette grace premiere, autrefois ſi puiſſante, que les Peres de ces heureux temps-là ne craignoient point d'aſſurer, que ſans les prieres & les merites de ces merveilleux Solitaires, le monde auroit peri depuis long-temps, & que l'univers leur eſtoit redevable de ſa conſervation : *ut dubitari non debeat ipſorum meritis adhuc ſtare mundum.* Saint Antonin rapporte à ce ſujet une viſion remarquable, où Jeſus-Chriſt indigné paroiſſant s'élever de la droite de ſon Pere, & ayant trois dards à la main preſt de les lancer ſur les pecheurs, dont la multitude irritoit pour lors ſa patience : *vidit ad Patris dexteram exurgere Filium in ira ſua, ut interficeret omnes peccatores terræ, qui lanceas tres vibrabat;* & perſonne n'oſant s'oppoſer à ſa colere; la Mere de miſericorde, la tres-pure Vierge Marie, ſe proſternant devant ſon Fils, lui montra ſaint Dominique & ſaint François, qui devoient inceſſamment paroître, prêcher la penitence, & renouveller la pieté dans le monde; ce qui calma ſon Fils bien-aimé.

449.

3. p Krond.
S. Ant. tit.
23. c. 3.
circa an 1208

III. Il feroit , non feulement inutile , mais encore affligeant, d'expofer icy l'affoibliffement de la pieté & le debordement des vices , que cauferent parmi les Séculiers les divifions des Ecclefiaftiques, & les fcandales des Moines ; *mittet Angelos fuos , & colligent de regno ejus omnia, 1°. zizania, 2°. fcandala, 3°. eos qui faciunt iniquitatem* ; car ce fut alors que nôtre Evangile s'accomplit à la lettre ; ce qui fe paffa dans l'Eglife en general , fe paffa dans chaque famille en particulier , *cùm dormirent homines* , & plaife à Dieu que cela ne fe paffe pas encore parmi nous : le Pafteur s'endormit fur l'inftruction de fon troupeau , le Pere fur l'éducation de fes enfans, le Magiftrat fur le gouvernement de fes citoyens , les peuples fur le zele de leur falut ; & tous s'affoupirent fur leurs communes & plus effentielles obligations : pour lors il ne fut pas difficile à l'ennemi de venir femer l'ivroye pardeffus le bon grain, *venit inimicus homo, & fuperfeminavit zizania* ; & cette parole de faint Auguftin s'accomplit dés-lors , comme à prefent, que le nombre des méchans furpaffa , comme il furpaffe encore , celuy des bons , *concedo in comparatione zizaniorum frumenta effe pauciora.* En effet, pour quelques vrais juftes qu'on vid alors, & que nous voyons encore dans le monde, combien de pecheurs & d'hypocrites ? pour un homme humble , combien d'orgueilleux ! pour un homme doux , patient, chafte , fobre , charitable , pieux , combien d'emportez, de gourmands , d'impudiques, d'incredules, d'impies ? que de gens vieilliffent dans des occafions prochaines , dans des

habitudes criminelles, dans l'ignorance des veritez
de la foy, dans des inimitiez & des rancunes éternel-
les ? que de detenteurs du bien d'autruy, de propha-
nateurs des Sacremens ? que d'avares, d'ambitieux,
de vindicatifs, que de femmes mondaines, vaines,
senſuelles, qui paſſent leurs jours dans l'oiſiveté, le
jeu, les ſpectacles, la moleſſe, la pareſſe, l'oubli de
Dieu, & de leur ſalut ? *concedo in comparatione zizanio-*
rum frumenta eſſe pauciora. La multitude des inſenſez
eſt preſque infinie, *ſtultorum infinitus eſt numerus.* Le
nombre des gens de bien eſt tres-petit ; *puſillus grex,*
pauci electi. Quel effroi, quand on lit dans le Prophete, que le Seigneur a regardé du haut du Ciel
ſur les enfans des hommes qui vivent ſur la terre,
pour voir ſi quelqu'un d'eux cherche le Seigneur,
& faſſe le bien ; mais que tous ont decliné des ſentiers
de la juſtice, que tous ſe ſont écartez du chemin de
la vertu, que depuis le Prophete juſqu'au moindre
Laïque, tous ne ſongent qu'à l'argent, qu'ils n'ai-
ment que les preſens, qu'ils n'ont en vûe que la re-
tribution, que le fils ſuccede aux mœurs depravées
du pere, que la fille ſuit les mauvais exemples de ſa
mere ; & qu'ainſi l'impieté ſe perpetue de race en race ;
qu'à cauſe de cela le puits de l'enfer s'eſt ouvert, & a
dilaté ſon embouchure pour recevoir la multitude
immenſe des reprouvez : *propterea dilatavit infernus os*
ſuum, & aperuit ſine ullo termino. Il eſt vray qu'heureuſe-
ment nous voyons de nos jours refleurir l'Egliſe, & renouveller ſon ancienne pieté dans un grand nombre
de ſaints Prelats, de bons Religieux, & de vertueux
fideles

fideles qui font l'ornement & la richeffe de ce champ
du Pere de famille : ce qui fans doute doit nous faire
entrer dans les mêmes mouvemens d'allegreffe, qui
tranfporterent autrefois les Ifraelites, lorfque reve-
nus de la captivité de Babylone, ils virent le nouveau temple qu'on avoit élevé fur les ruines de l'ancien ; car quoique plufieurs d'entre eux fe fouvenant
de la magnificence du premier, gemiffent de la peti-
teffe du fecond ; cependant la joye fembloit égaler
la trifteffe dans ce peuple, par le mêlange confus de
leurs voix , *commixtim enim populus vociferabatur* ; fur
tout lorfque le Prophete Aggée vint de la part de
Dieu, leur annoncer que la gloire du fecond Temple
furpafferoit celle du premier : *magna erit gloria domûs
iftius noviffimæ plufquam primæ.* Voyons donc comment
les derniers fiecles de l'Eglife égaleront, & peut eftre
furpafferont la pieté de l'Eglife primitive même, &
confolons-nous dans cette vûë.

TROISIE'ME CONSIDERATION.

Pour nous aider à bien penetrer la doctrine de
faint Paul, par l'expofition de laquelle nous allons
commencer cette troifiéme partie ; il eft bon de fup-
pofer la parabole fuivante : Un pere avoit acquis
un riche heritage à fon fils aîné; *filius meus primogeni-* Exo. 22
tus Ifrael : l'ayant, non-feulement offert à ce fils ,
mais encore l'ayant preffé de l'accepter, ce pere n'a
reçû que des mépris & des outrges de ce fils ingrat
& denaturé, qui pouffant fon impieté au dernier ex-

cé , a de plus attenté à la vie d'un si bon pere , lequel
indigné de cette horrible perfidie , a chassé cet aîné

Luc. 15. 12. & a rappellé son fils puiſné , *adoleſcentior filius* , qui
s'eſtoit eloigné de la maiſon paternelle ; il l'a reconci-
lié avec luy , & luy a transferé cette precieuſe here-
dité deſtinée à l'aîné , lui redonnant le nom de ſon
Fils , & le remettant aux droits de ſon enfant , & de
ſon heritier ; voulant d'ailleurs voir ſi l'aîné picqué
de jalouſie ne reviendra pas à lui. Surquoi voici ce
que dit l'Apôtre :

　　Les Juifs , figurez par cet aîné , ſont-ils tellement
tombez , qu'ils ne doivent jamais ſe relever , ſe re-

Rom. 11. 11. connoître , ſe convertir ? *numquid ſic offenderunt ut ca-
derent ?* à Dieu ne plaiſe qu'il en ſoit ainſi , *abſit* : mais
je dis que leur incredulité a eſté cauſe que la foy a eſté
transferée aux Gentils ; que la perte de ceux-là eſt
devenuë le ſalut de ceux-cy ; & que le rebut fait par
les Juifs , de la grace qui leur étoit preſentée , a donné lieu à l'effuſion de la grace que les Gentils ont
reçûe : *ſed illorum delicto ſalus eſt gentibus.* Que ſi le peché des Juifs , qui les a dépoüillez des dons de Dieu ,
eſt devenu la richeſſe des Gentils ; *quòd ſi delictum eorum divitiæ ſunt mundi ;* & ſi le peu de Juifs qui compo-
ſerent l'Egliſe naiſſante , ſemblables à quelques épics
que les glaneurs recueillent : *ſic ergo & in hoc tempore reliquiæ ſalvæ factæ ſunt ;* nonobſtant leur petit nombre , &
le rebut du reſte de cette nation , n'a pas laiſſé de pro-
curer la gloire , & le bonheur du monde , *& dimi-
nutio eorum divitiæ gentium ;* que ſera ce quand ce peuple reviendra dans toute ſa plenitude au Seigneur ?

quanto magis plenitudo eorum ? Si leur divorce d'avec Dieu est devenu la reconciliation des Gentils avec Dieu *si enim amissio eorum reconciliatio est mundi,* que sera-ce que leur rappel & leur retour au Dieu de leurs Peres, sinon une merveille aussi éclatante que l'est celle de la resurrection d'un mort à la vie ? *quæ assumptio, nisi vita ex mortuis ?* Si les premices & les branches, quoique si peu nombreuses, de la nation Juive, c'est-à-dire, quelques Apôtres & Disciples ont esté si saints, que ne sera pas la masse, quand le Seigneur la sanctifiera ? *quòd si delibatio sancta est, & massa ? si radix sancta, & rami.* Si d'ailleurs les branches sauvages, mais entées sur le franc olivier, pour s'exprimer ainsi, ont esté consacrées par une telle effusion de sainteté, que ne sera pas le tronc méme, avec les branches naturelles, quand la consecration s'en fera ? car le Seigneur est puissant pour les inserer de nouveau, & les rendre participans de la premiere seve, & du suc primordial de la tige, ou de l'ancienne religion de leurs Peres, lorsque cette tige sera de nouveau ranimée & revivifiée à la fin du monde? *potens est enim Deus iterum inserere illos ?* car si les branches de l'olivier sauvage, entées sur l'olivier franc, ont pû fructifier si abondamment, que ne feront pas les branches mesmes naturelles, quand elles seront remises de nouveau sur leur tronc, comme elles estoient auparavant ? *quanto magis ii qui secundùm naturam inserentur suæ olivæ* ; ce qui sera sans doute quand ils sortiront de leur incredulité, *si non permanserint in incredulitate.*

Quelle grande idée l'Apôtre ne nous donne-t-il pas
de l'Eglise des derniers temps par ces magnifiques
paroles, & par les excellentes reflexions qu'il nous
oblige d'y faire? car, comme reprend encore une fois
saint Chrysoftôme : Si la reprobation d'une partie
des Juifs a donné lieu à la vocation de la nombreuse
multitude des Gentils ; si la perte des Juifs a esté cause du salut de tant de peuples infideles, quels prodiges de grace ne doit-on pas s'attendre, lors du
retour de toute la nation Juive au Seigneur, lors
de son rappel à la foy, lorsque tout l'Israël de Dieu
sera sauvé? *si etenim quando expulsi sunt, inquit, tam mul-*
ti salute potiti sunt, atqu ex eo quod ejecti sunt illi, tammulti
vocati sunt, perpende quid futurum sit quando conversi fue-
rint, quando universi ad fidem accessuri sunt.

Si lorsque quelques rameaux ont esté brisez, *ali-*
qui fracti sunt rami ; il s'est fait une si grande recolte
de fruits; quelle abondance ne verra-t-on pas lorsque toutes les branches de l'arbre Israelite inserées
de nouveau sur l'ancien tronc des Patriarches & des
Prophetes viendront à fructifier; *primitias hîc atque ra-*
dicem Apostolus vocat Abraham, Isaac & Jacob Prophe-
tas ac Patriarchas, &c. ramos verò ex illis credentes, sancta
namque Ecclesia in primitiis suis multitudine gentium fœcun-
data, in fine mundi Judæos suscipit, & extrema colligens eos
quasi reliquias frugum ponit, dit saint Gregoire.

S. Chryf.
hic.

Enfin, si lors de la colere de Dieu contre les Juifs,
il s'est repandu des graces avec tant de profusion, sur
le peuple Gentil, que ne se fera-t-il pas lors de l'effusion de sa misericorde sur le peuple Juif, & de sa

reconciliation avec lui ? *si Judæis iratus tanta largitus est Gentibus, quando illis reconciliatus aliquando fuerit, quid non largietur?* conclut saint Chryſoſtôme.

I I. La maniere merveilleuſe dont l'Egliſe des derniers temps ſera renouvellee , repond parfaitement à l'idée que l'Apôtre vient de nous en donner.

Elie ce grand Prophete, qui parut autrefois comme un Aſtre lumineux & ardent , comme un feu devora**, tout embraſé de zele, reviendra pour être encore le Predicateur , & le Miniſtre de cette éclatante miſſion : *& ſurrexit Elias Propheta quaſi ignis, & verbum ipſius quaſi facula ardens.* Quelle gloire eſt comparable à la vôtre , ô grand Prophete , dit l'Eccleſiaſtique , vous qui êtes écrit dans le deſtin des temps, pour venir appaiſer la colere du Seigneur, pour reconcilier le cœur du Pere envers l'enfant, & pour retablir les tribus de Jacob dans leur premier luſtre, ſainteté, dignité? *quis poteſt ſimiliter ſic gloriari, qui ſcriptus es in judiciis temporum, lenire iracundiam Domini , conciliare cor patris ad filium , & reſtituere tribus Jacob.*

Ecoutons encore la promeſſe autentique & conſolante que Dieu fit aux Juifs par la bouche de Malachie, le dernier des Prophetes. Promeſſe qu'on peut regarder comme la clôture des Propheties anciennes, contenant la prediction du dernier évenement du monde : Voici que je vous enverrai le Prophete Elie , auparavant que le jour du Seigneur arrive: Ce jour *grand*, ce jour *horrible*, dit le Seigneur: *Ecce ego mittam vobis etiam Prophetam, antequam veniat dies Domini magnus ,* & *horribilis :* ce jour *grand* pour les Saints, ce jour *horrible* pour les pecheurs ; *magnus sanctis , horribilis peccatoribus ,* dit saint Jerôme : le Seigneur vous enverra donc, auparavant que le jour du dernier jugement arrive, le Prophete Elie, qui convertira le cœur des Peres envers leurs enfans, & le cœur des enfans envers leurs Peres, & *convertet cor patrum ad filios,* & *cor filiorum ad patres eorum.* Paroles qui nous font voir, selon saint Jerôme, que cet admirable Prophete rassemblera les Juifs de tous les endroits du monde ; qu'il leur évangelisera Jesus-Christ, qu'il les convertira à la foy, qu'il les réunira dans un même corps de religion ; qu'il leur desfillera les yeux, leur faisant tomber ce voile d'incredulité qui les aveugle ; qu'il les penetrera des plus vifs sentimens de penitence, & de componction ; qu'il levera de dessus eux cet anathême affreux, qui met entre eux & leurs peres, un divorce insurmontable ; quelle feste ne se fera-t-il pas pour lors dans l'Eglise ? quels chants d'allegresse ne retentissent pas déja par avance en plusieurs endroits des Prophetes anciens pour ce retour prevû, attendu, desiré ? quelle renovation de ferveur & de pieté dans les Chrétiens de ces temps-là, que l'exemple des Juifs, convertis animera pour ne faire plus à l'avenir tous ensemble qu'un même peuple fidele ; qu'un seul Israel de Dieu : *ut Judæi,* & *Christiani, qui nunc inter se discrepant, pari in Christum religione consentiant,* dit encore saint Jerôme sur ce même endroit? Ce sera pour lors que s'accomplira pleinement cette parole de

Jésus Christ : Qu'Elie viendra, & qu'il rétablira toutes choses : *Elias quidem veniet, & restituet omnia ;* qu'il
relevera parmi les Juifs, le culte du Seigneur, l'esprit de sainteté, l'intelligence de la Loy, la Religion du Dieu vivant, la connoissance du Messie, l'a-
mour de Jésus-Christ : *in fine mundi Judæi fidem tanquam
Christum ab Ægypto revertentem suscipientes, illumina-
buntur ;* dit le même Pere : en effet, comme observe
saint Chrysostome, qu'est-ce à dire qu'Elie rétablira toutes choses, sinon qu'il guerira les Juifs de leur
incredulité, & qu'il les convertira à la foy de Jésus-
Christ ? *quid est quand Elias restituet omnia, nisi quod incredu-* *ib.*
litatem Judæorum ad fidem convertet, & credere in Christum
persuadeat ?

    Rien n'est plus celebre dans le discours & le cœur
des fidelles, dit saint Augustin, qne la venuë de ce
grand & admirable Prophete Elie, qui paroîtra avant
le jugement, & qui convertira les Juifs à la Foy de Jesus Christ, il precedera l'avenement du juste juge, &
nous croyons, avec raison, qu'il vit encore, & qu'il
reviendra pour lors : *per hunc Eliam magnum, mirabi-* *De Civ. Dei*
lemque Prophetam, ultimo tempore ante judicium, Judæos in *20. 29.*
Christum verum, id est nostrum, esse credituros, celeberri-
mum est in sermonibus cordibusque fidelium : ipse quippe ante
adventum Judicis salvatoris non immerito speratur esse ventu-
rus, qui etiam nunc vivere non immerito creditur; hæc ergo
faciet Elias.

    En quoi l'on peut remarquer la predilection que
Dieu a toûjours eue pour la famille & la posterité
d'Abraham ; car non-seulement c'est d'elle qu'il a

fait fortir le Sacerdoce, la Royauté, & tout l'ancien peuple fidele ; mais encore c'eft de fa chair benite par luy, qu'il a voulu que fon fils bien-aimé ait pris un corps, & fe foit incarné ; ce font de fes defcendans, c'eft-à-dire, des douze Apôtres qu'il s'eft fervi pour la renovation du monde, & pour la predication de l'Evangile, & lefquels il a choifis, appellez, prépo-fez & mis à la tefte du nouveau peuple, pour en eftre les Docteurs & les chefs, & pour nous faire à jamais chanter, *Petrus Apoftolus & Paulus Doctor gentium ipfi nos docuerunt legem tuam Domine: Conftitutes eos principes fuper omnem terram.*

Enfin c'eft d'Elie que Dieu fe fervira pour la con-verfion des Juifs à la fin du monde : Vous voyez, di-foit autrefois Moïfe aux Ifraelites, que le Ciel & le Ciel des Cieux, font au Seigneur voftre Dieu, que la terre & tout ce que l'univers enferre luy appartient, & que cependant le Seigneur a voulu s'unir étroi-tement, & comme s'incorporer, & pour parler ainfi, fe coler à vos peres ; qu'il les a aimé & a choifi leur famille, & leur pofterité aprés eux ; c'eft-à-dire vous, préferablement à toutes les autres nations de la terre:

Deut. 10. 14. en *Domini Dei tui cœlum eft, & cœlum cœli, terra & om-nia quæ in ea funt : & tamen patribus fuis conglutinatus eft Dominus, & amavit eos, elegitque femen eorum poft eos, id eft vos, de cunctis gentibus.*

III. Mais rien ne montre davantage quels feront les derniers fideles, que leur courage à foutenir les rudes combats qu'il leur faudra rendre contre les plus redoutables ennemis que l'Eglife ait jamais eu,

C'eft

c'eſt-à dire, contre l'Antechriſt, ſon faux Prophete, & le reſte de ſon formidable empire : *Antichriſti ad-verſus Eccleſiam ſæviſſimum regnum,* dit ſaint Auguſtin. Abraham vid ce jour terrible, & il en fremit d'hor-reur, ſelon le meſme Pere : *afflictio civitatis Dei qualis antea numquam fuit, quæ ſub Antichriſto futura ſperatur, ſignificatur tenebroſo timore Abrahæ circa ſolis occaſum, id eſt, propinquante jam fine ſæculi.*

L. 20. de Civ. Dei c. 23.

L. 16. de Civ. Dei c. 24.

Daniel, ce grand Prophete, aprés avoir ſoutenu la viſion de ces quatre épouvantables animaux, qui figuroient les quatre grandes Monarchies, qui de-voient ſucceſſivement regner dans le monde, voyant celle qui pronoſtiquoit la perſecution de l'Ante-Chriſt, tomba dans une telle ſurpriſe, que ſon eſprit ne pût en ſoutenir l'aſpect ; *cùm enim enim viſione pro-pheticâ quatuor beſtias ſignificantes quatuor regna vidiſſet, (ad viſionem Antichriſti) horruit ; inquit : Spiritus meus ego Daniel, & viſiones capitis mei conturbabant me.* Jeſus-Chriſt meſme, qui nous excite par tout à nous rejouir dans les tribulations, & à ne craindre point la mort, nous exhorte à demander inſtamment à Dieu, de ne nous point trouver dans ces temps malheureux, & de nous retirer à luy auparavant qu'ils arrivent : *omni tempore orantes, ut digni habeamini fugere iſta omnia quæ ventura ſunt, & ſtare ante Filium hominis.*

L. 20. de Civ. Dei c. 23.

Luc 21. juſqu.

En effet, quelle grace, quelle force, quelle ver-tu, ne faudra-t il pas pour reſiſter à des tourmens ſi effroyables, à des tourmens juſqu'alors inoüis & inuſitez ? *inuſitatis maximiſque perſecutionibus diaboli jam ſoluti :* à Satan, qui pour lors delié, ſortira de ſa pri-

20. 19.

M m m m m

son, & seduira les nations des quatre coins du mon-
de ; *solvetur Satanas de carcere suo, & exibit, & seducet gentes quæ sunt super quatuor angulos terræ :* qui operera par les faux Prophetes de ces temps épouventables, des prodiges & des signes capables, s'il estoit possible, de jetter les Elûs mesmes dans l'illusion & dans l'erreur : *& dabunt signa magna, & prodigia, ita ut in errorem inducantur, si fieri potest, etiam electi.* Considerons, disoit autrefois saint Gregoire, considerons mes tres-chers freres, combien dangereuse à l'infirmité humaine sera cette persecution, cette tentation, cette illusion, où tout à la fois le persecuteur dechirera le corps par de cruels tourmens, & où le séducteur imposera aux yeux par des prestiges decevans : *pensemus quæ erit humanæ mentis illa tentatio, quando pius martyr & corpus tormentis subjecit, & ante ejus oculos tortor miracula facit ; quando is qui flagris cruciat, signis coruscat :* quand le demon mettra un frein d'erreur dans la bouche des peuples de la terre : *frænum erroris in maxillis populorum :* quand il faudra resister au torrent du mauvais exemple de presque toutes les nations seduites, & entraînées dans une apostasie si generale, aux persecutions accablantes de l'Antechrist, *gravissimas Antichristi tempore persecutiones,* dit saint Gregoire ; & à toute la force & la puissance de ses inhumains complices, ajoûte saint Augustin ; *totis suis suorumque viribus sæviturus :* lorsque ces temps calamiteux seront venus, qui depuis la creation de l'univers jusqu'au dernier jour du monde, n'ont jamais eu, & n'auront jamais de

Apoc. 20. 7.

Matth. 24. 13.

Moral. 12. 13.

Is. 30. 28.

semblables, dit le Prophete ; *& veniet tempus quale* Dan 12. 1.
non fuit ex quo gentes esse cœperunt ; lorsque la foy sera
presque éteinte, & la charité refroidie ; cependant
ce sera dans ces effroyantes conjonctures que les
derniers fideles auront à descendre dans le champ
de bataille ; c'est de si redoutables ennemis qu'ils auront à combattre, & qu'ils surmonteront, armez
d'une invincible foy ; *robustissimâ fide*, dit saint Au- L. 10. 9.
gustin : helas ! continue ce mesme Pere, quels Chrétiens sommes-nous, en comparaison de ces derniers fideles, contre lesquels on déchaînera pour
lors le demon que nous avons à present tant de
peine à vaincre tout enchaîné qu'il est ? *& tales* Ibid.
erunt cum quibus ei belligerandum est, ut vinci tanto ejus im-
petu insidiisque non possint : in eorum sane qui tunc futuri
sunt sanctorum atque fidelium comparatione, quid sumus ?
quandoquidem ad illos probandos tantus solvetur inimicus,
cum quo nos ligato tantis periculis dimicamus ; & qui loin
d'estre renversez par l'effort de la tempête, attireront au contraire à la lumiere de la foy, & aggre-
geront à l'Eglise divers infideles, dit saint Gregoire ; car quoiqu'au tems de l'Antechrist, la pieté des
fideles soit ralentie en plusieurs ; quoique les grands
combats qu'il faudra rendre contre ce perdu, gla-
cent le cœur des plus fervens ; les vrais fidelez forti-
fiez par la predication d'Elie non-seulement demeu-
reront fermes & inviolablement attachez à l'Eglise, mais mesme attireront plusieurs infideles & les
convertiront à la foy ; ensorte que les restes de la
nation Juifve, qui d'abord avoit esté rejettee à cause

M m m m m ij

de son obstination , accourront au sein de nostre
mere la sainte Eglise , transportez par les mouvemens d'une pieté incomparable ; ce qui fut figuré,
selon le même Pere , en la personne de Job , que
Dieu benit encore plus à la fin de ses jours, qu'il n'a-
voit fait au commencement : *& quamvis eisdem tem-*
poribus quibus Anrichristus appropinquat aliquatenus vita
fidelium minoris esse virtutis appareat ; quamvis in con-
flictu illius perditi hominis, gravis etiam corda fortium for-
mido constringat ; Elia tamen prædicante roborati, non solùm
fideles quique in sanctæ Ecclesiæ soliditate persistunt , sed
etiam ad cognitionem fidei multi quoque ex infidelibus con-
vertuntur , ita ut Israeliticæ gentis reliquiæ quæ repulsæ priùs
funditùs fuerant , ad sinum matris Ecclesiæ piâ omnino de-
votione concurrant, unde & bene subditur : Dominus autem
benedixit novissimis Job , magis quam principio ejus , &
addidit Dominus omnia quæcumque fuerunt Job duplicia.

Que si les benedictions que Dieu versera sur les
derniers fideles doivent estre plus abondantes que
celles qu'il a versées sur l'Eglise primitive , quelle
profusion de graces ne verra-t-on pas répanduë sur
ces genereux & derniers Athletes , que nul artifice
n'aura pû tromper, nulle promesse corrompre , nul
prestige seduire , nulle menace effrayer , nul tour-
ment surmonter ? quelle gloire pour Jesus Christ ,
de remporter, non par les efforts de sa toute-puis-
sance, ou de son bras élevé, mais par des instrumens
aussi foibles que le sont des hommes fragiles , une si
grande & si pleine victoire sur tout l'enfer déchaî-
né ? quel triomphe pour l'Eglise , rachetée , forti-

fiée, délivrée par le secours de ce divin Sauveur,
son Redempteur, son Liberateur, son salut, sa force? de méprifer, de renverfer, de fouler aux pieds,
& d'écrafer pour toûjours la tefte de l'ancien ferpent,
du dragon infernal, de Satan delié, defefperé, fu-
rieux, &c. & joüant de fon refte, fans y employer
d'autres armes que celles de la juftice & de la patience? *& folvetur in fine, ut quam fortem adverfarium
Dei civitas fuperaverit, cum ingenti gloria fui Redemptoris,
adjutoris, Liberatoris afpiciat,* dit encore faint Auguftin.
Ne font-ce pas ces invincibles combatans qu'un des
vingt-quatre vieillards de l'Apocalypfe fit remar-
quer à Saint Jean, comme diftinguez en gloire parmi les Saints & les bienheureux de la Jerufalem celefte: Ceux que vous voyez, luy dit-il, & qui vous
paroiffent tout brillans de fplendeurs, qui font-ils,
& d'où viennent-ils? à quoy l'Apôtre répondit: Mon
Seigneur, vous le fçavez. Et ce vieillard ajoûta: Ce
font ceux qui font venus de la grande tribulation,
& lefquels ont lavé leurs vêtemens dans le fang de
l'Agneau: *hi funt qui venerunt de Tribulatiom magna,* Apoc 7. 14
& laverunt ftolas & dealbaverunt eas in fanguine Agni.
C'eft pourquoy, continua cet admirable vieillard,
ils font devant le Trône de Dieu, & ils le fervent
jour & nuit dans fon Temple, & celuy qui eft affis
fur le Trône habitera luy-même avec eux, ils n'auront plus de faim, ni de foif, & ils ne feront plus
brûlez du foleil, ni tourmentez d'aucune autre ar-
deur, parce que l'Agneau, qui eft au milieu du Trône, fera leur Pafteur, & il les conduira aux fontai-

M m m m m îij

nes d'eau vive, & Dieu essuyera toute larme de leurs yeux : *ideo sunt ante Thronum Dei, & serviunt ei die ac nocte in templo ejus, & qui sedet in Throno, habitabit super illos, nec cadet super illos sol, neque ullus æstus. Quoniam Agnus qui in medio Throni est, reget illos, & deducet eos ad vitæ fontes aquarum, & absterget Deus omnem lachrymam ab oculis eorum.* Tels seront les derniers Chretiens, leurs tourmens, leurs combats, leurs victoires, leur recompense & leur gloire ; telle sera l'Eglise des derniers temps, dont la vûe doit sans doute, diminuer la tristesse que cause le relâchement de cette premiere pieté, & de cette ferveur de l'Eglise primitive dont on a parlé.

F I N.

9 782329 54860